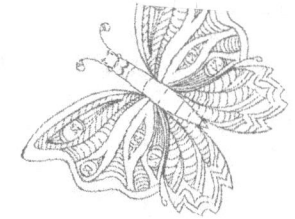

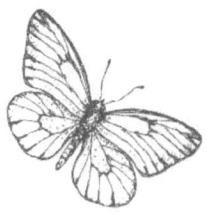

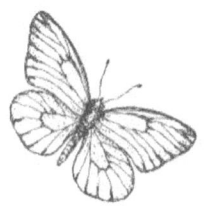

TEMA: MARIPOSA.

Libro para colorear para adultos

Relájese. Des-estrésese. Disfrute.

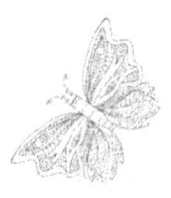

By Gail Kamer

All rights reserved. Please do not copy.

Front cover credit: Bigstockphoto.com 125866115 YAZZIK

Illustration credit: Bigstockphoto.com 123200264 Olesia Agudova

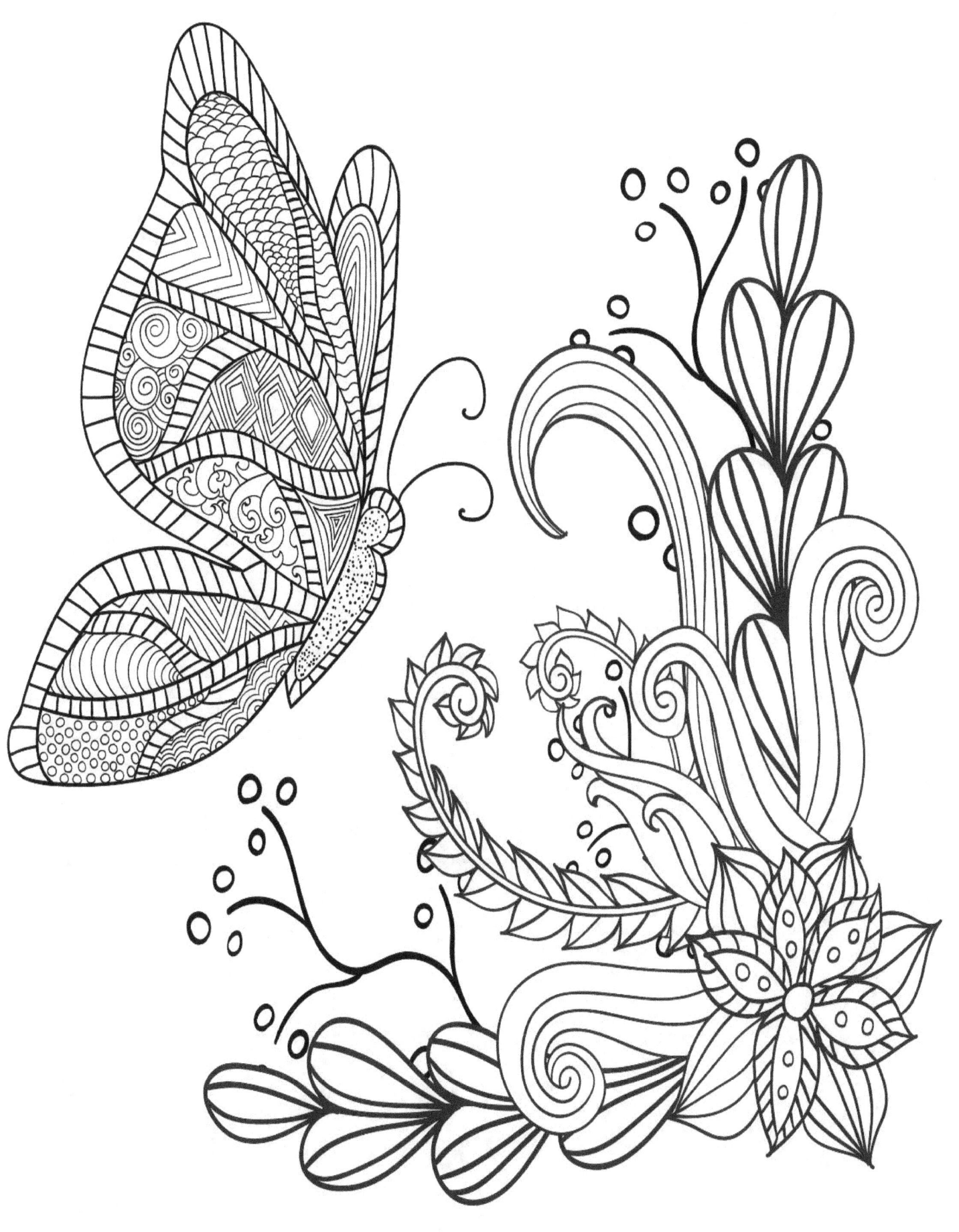

Illustration credit: Bigstockphoto.com 134862431 Val_Iva

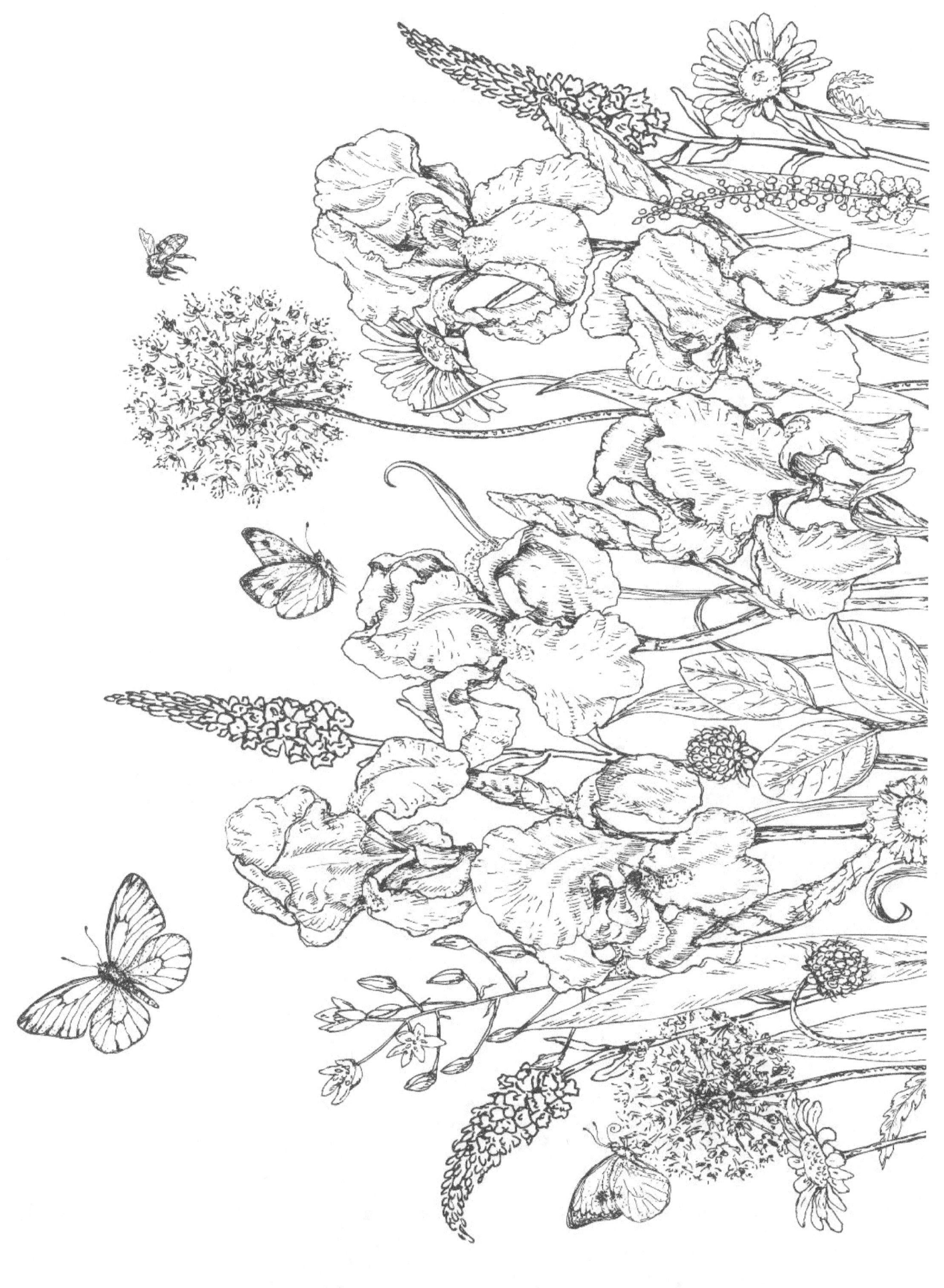

Illustration credit: Bigstockphoto.com 134633426 Fotinia

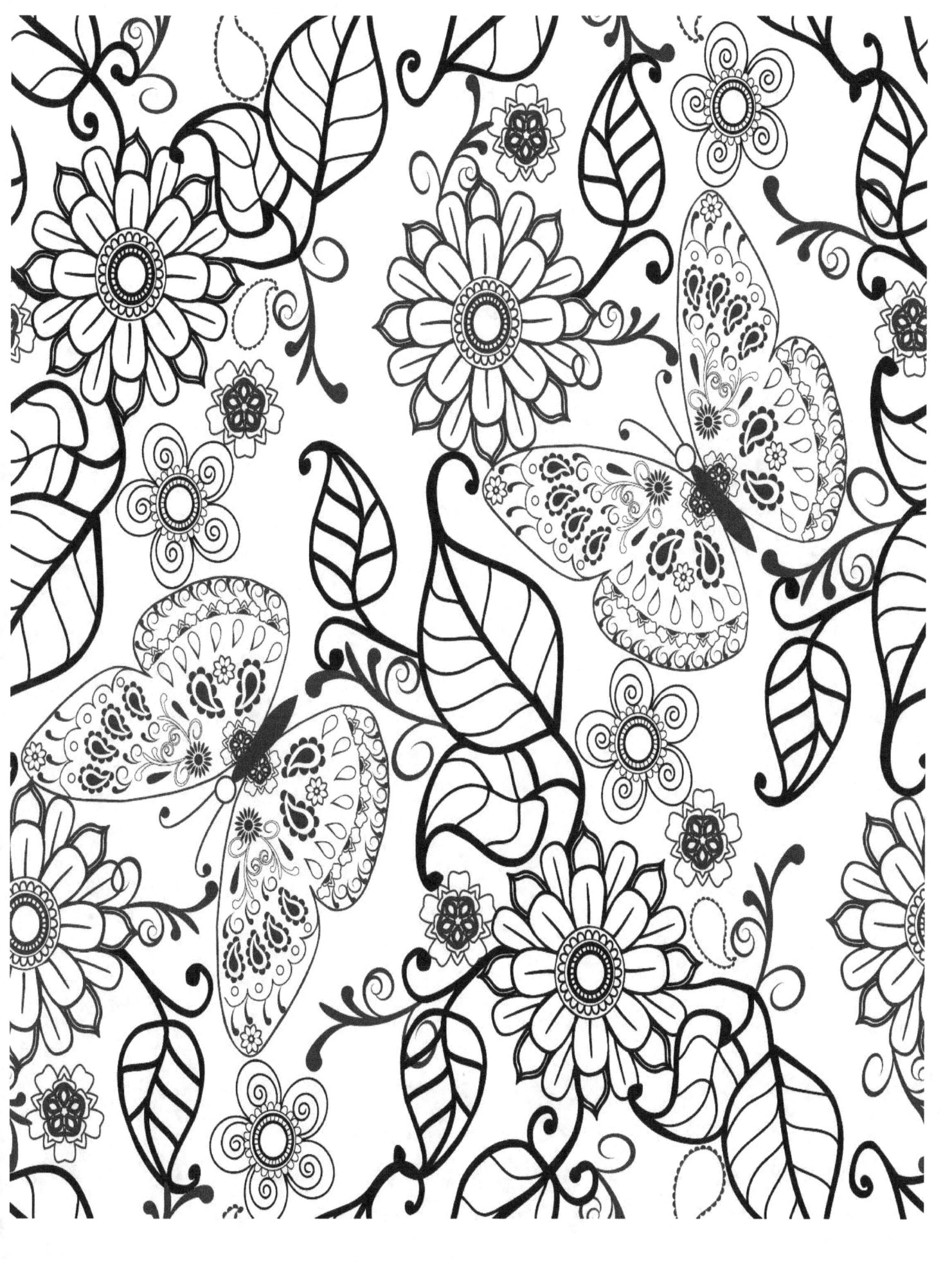

Illustration credit: Bigstockphoto.com 127808522 Tanvetka

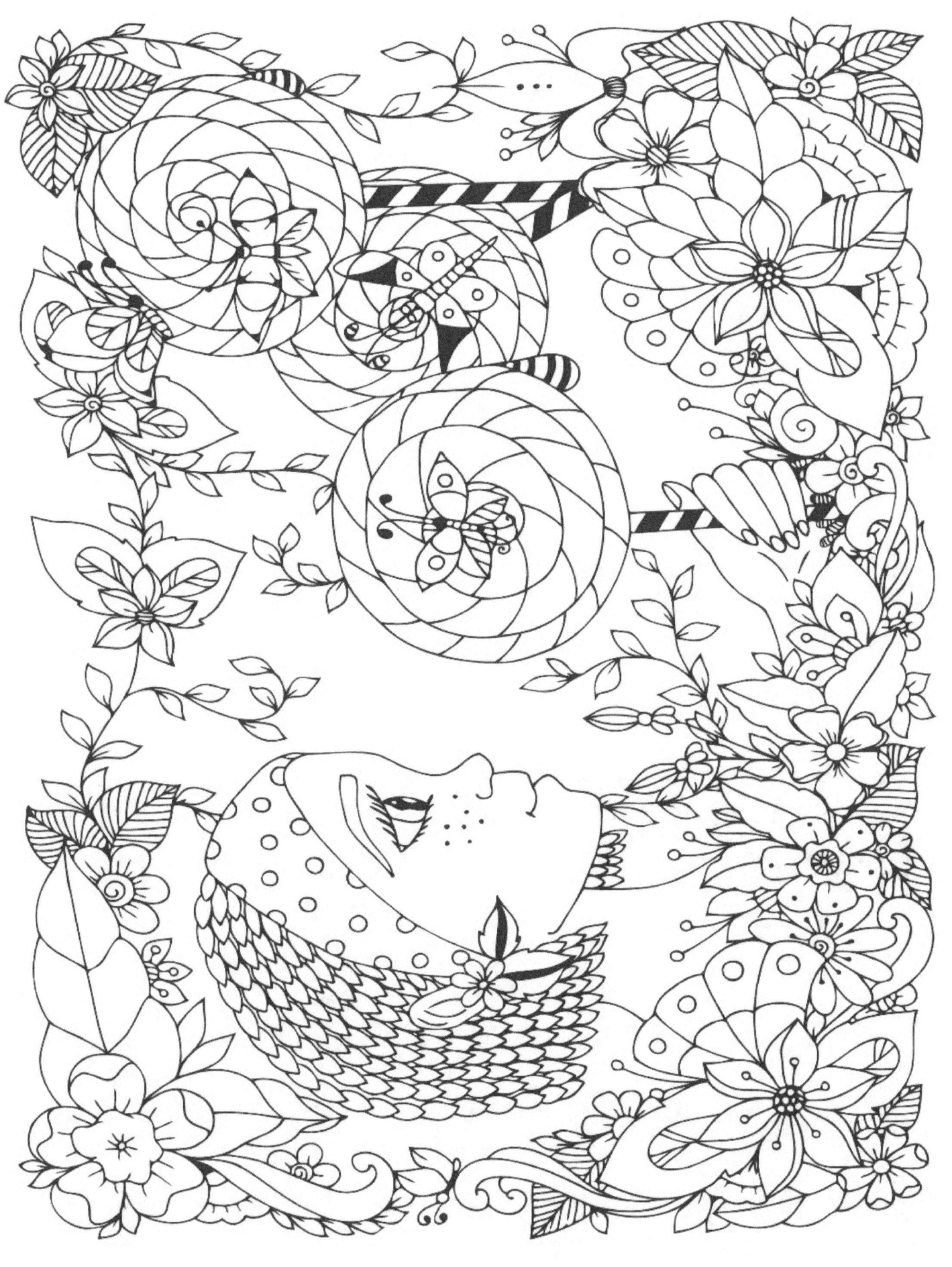

Illustration credit: Bigstockphoto.com 131366129 Mashabr

Illustration credit: Bigstockphoto.com 127223375 Mashabr

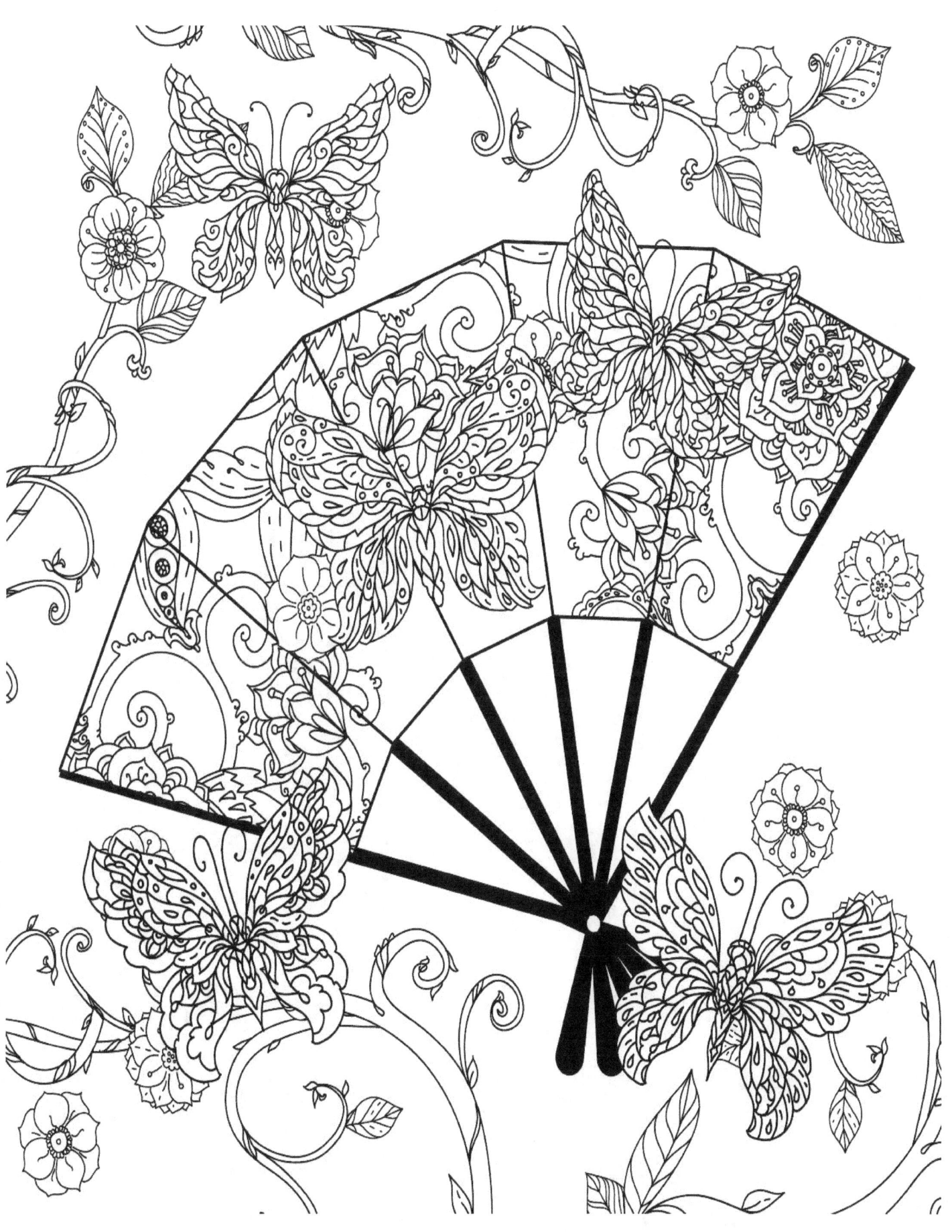

Illustration credit: Bigstockphoto.com 133566182 Tanvetka

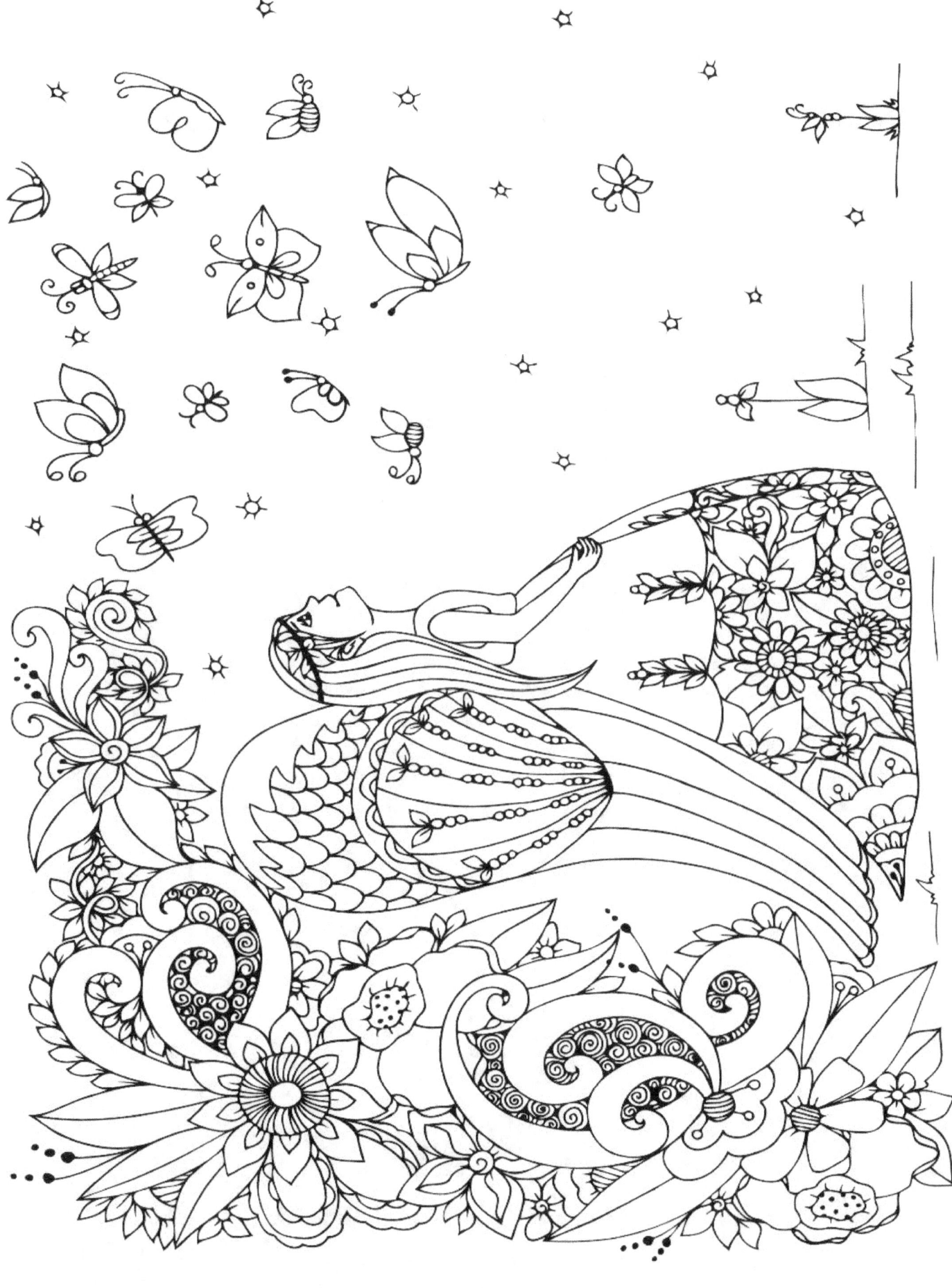

Illustration credit: Bigstockphoto.com 126070817 frescomovie

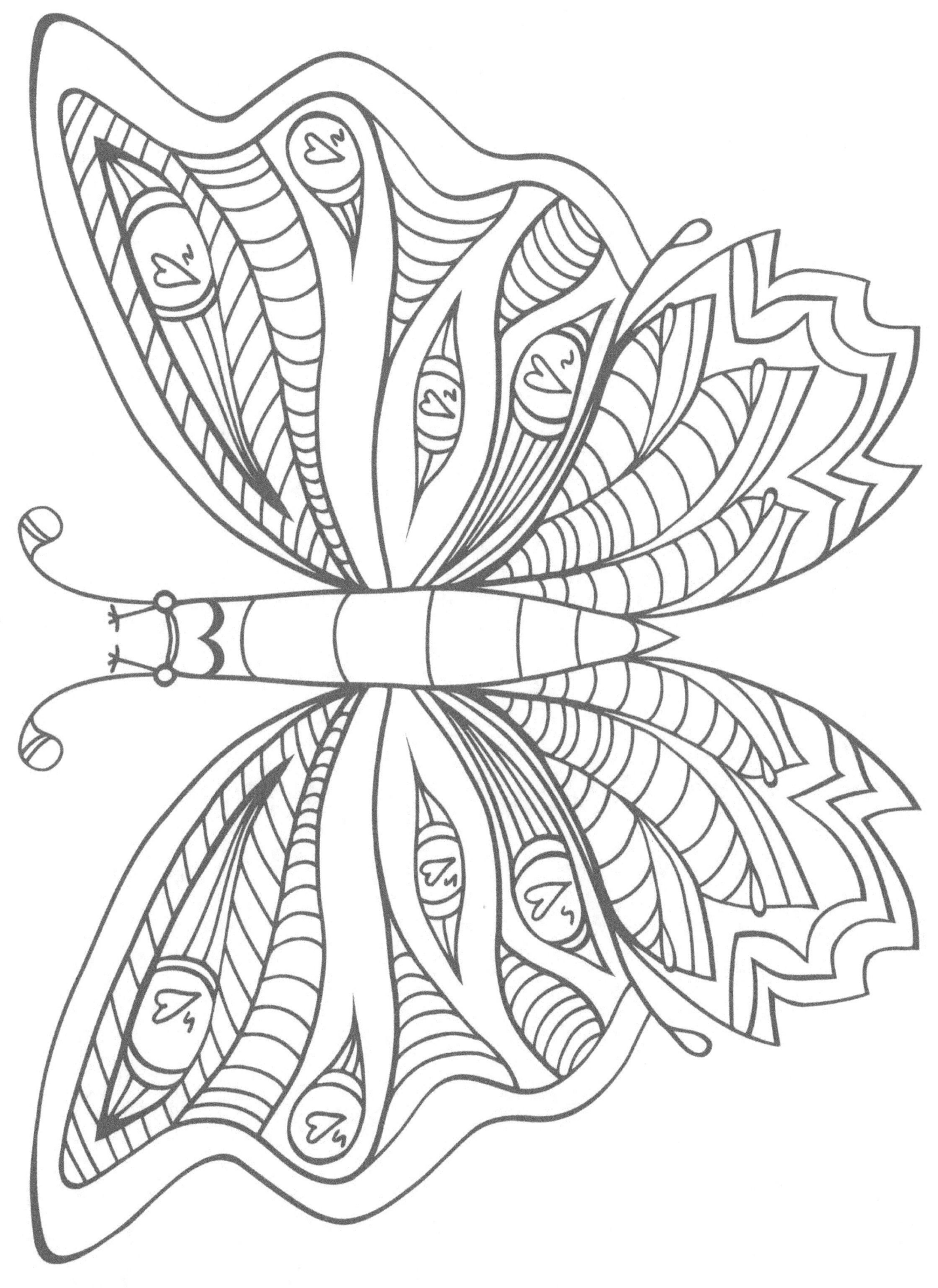

Illustration credit: Bigstockphoto.com 121650281 Irina Krivoruchko

Illustration credit: Bigstockphoto.com 118238990 Palomita

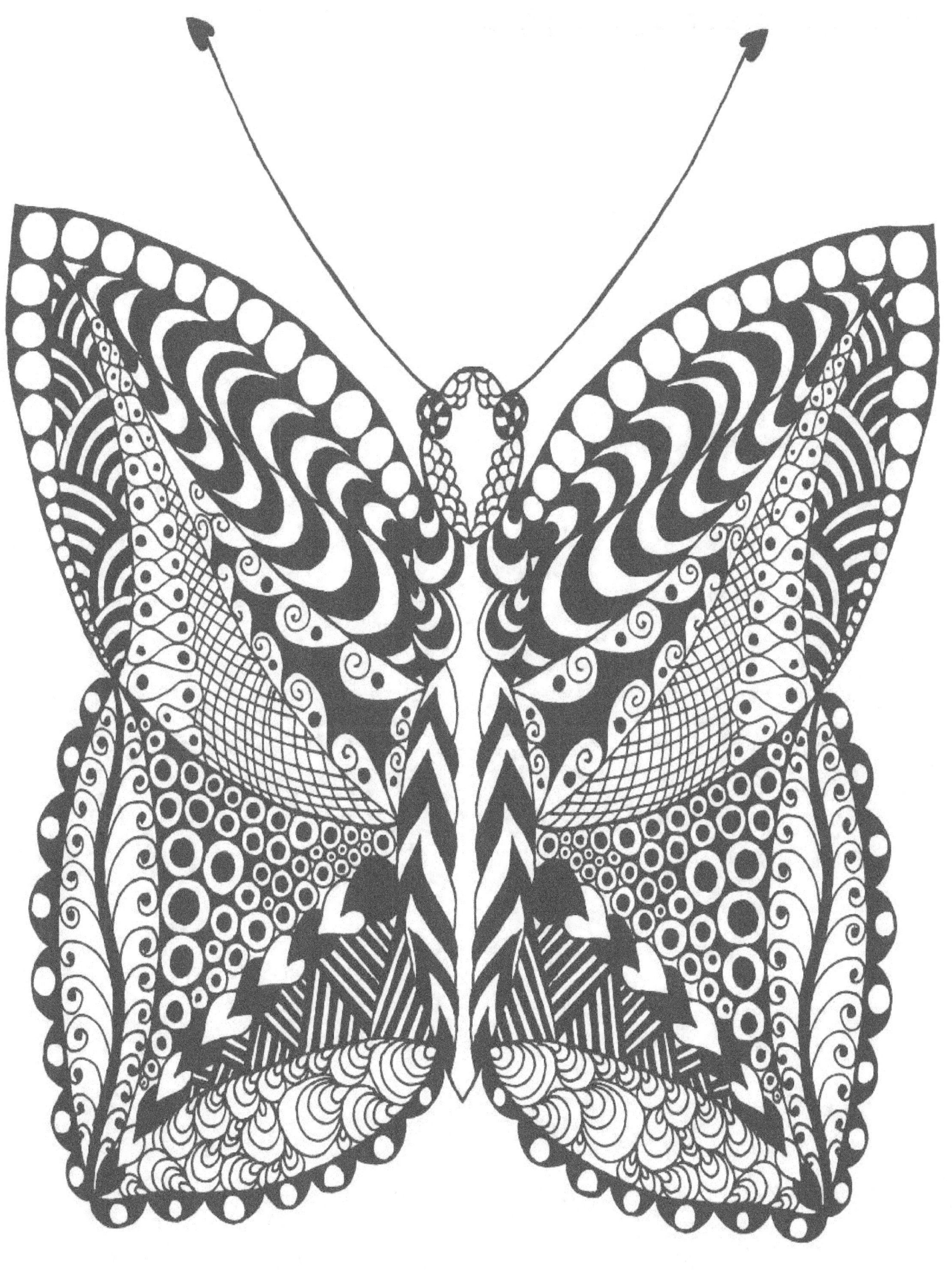

Illustration credit: Bigstockphoto.com 125878214 frescomovie

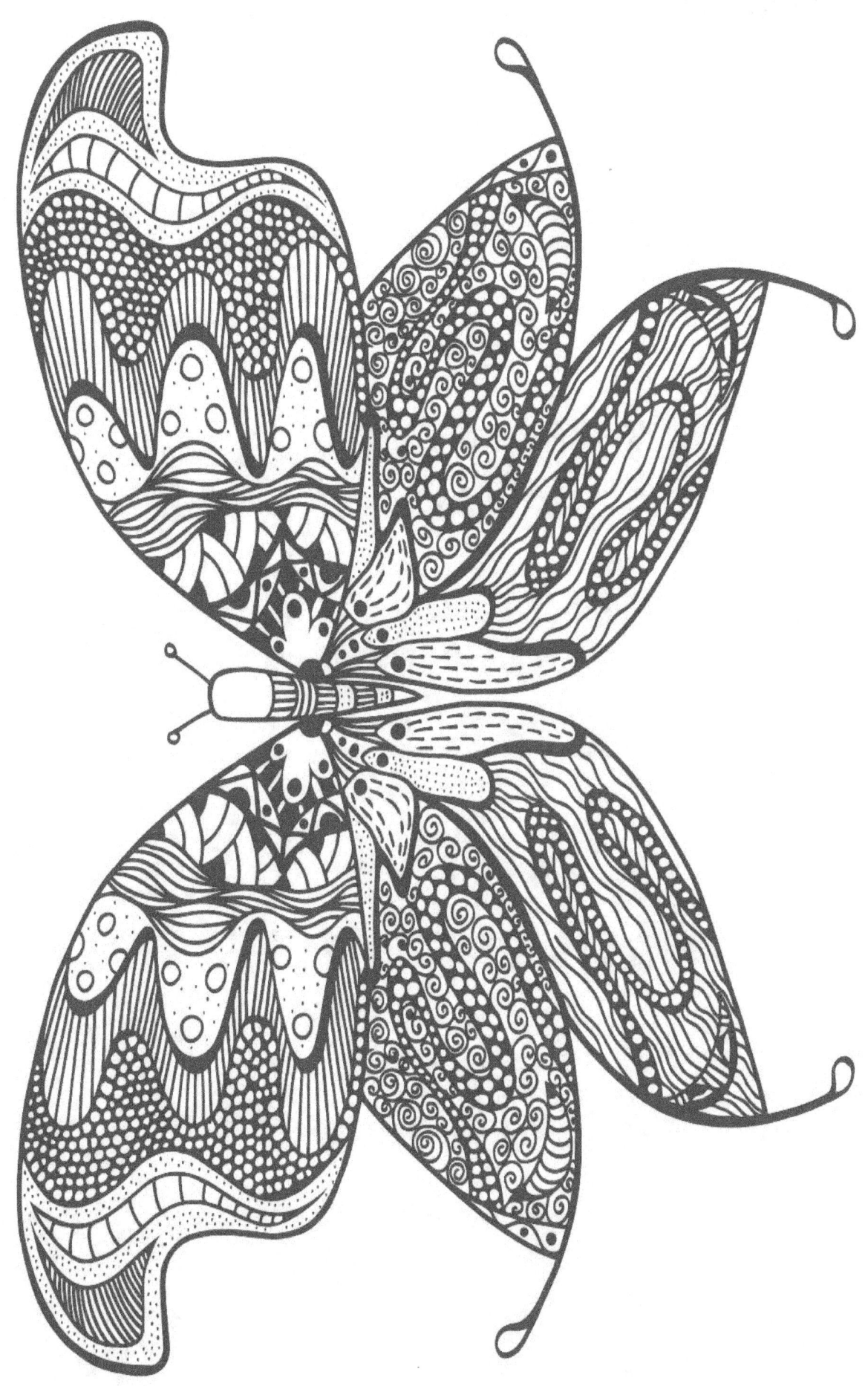

Illustration credit: Bigstockphoto.com 140566175 Martina Dedic

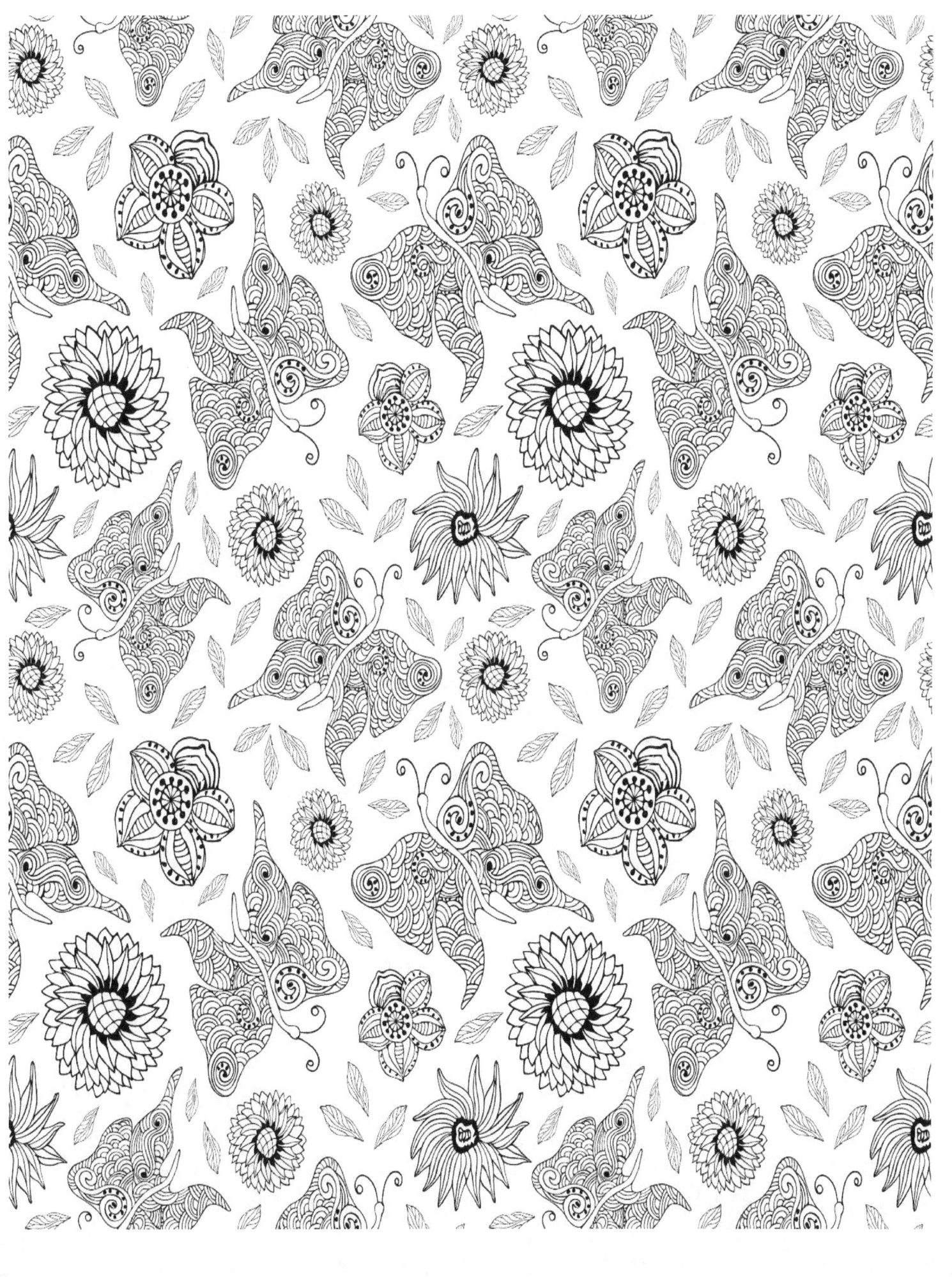

Illustration credit: Bigstockphoto.com 127790996 frescomovie

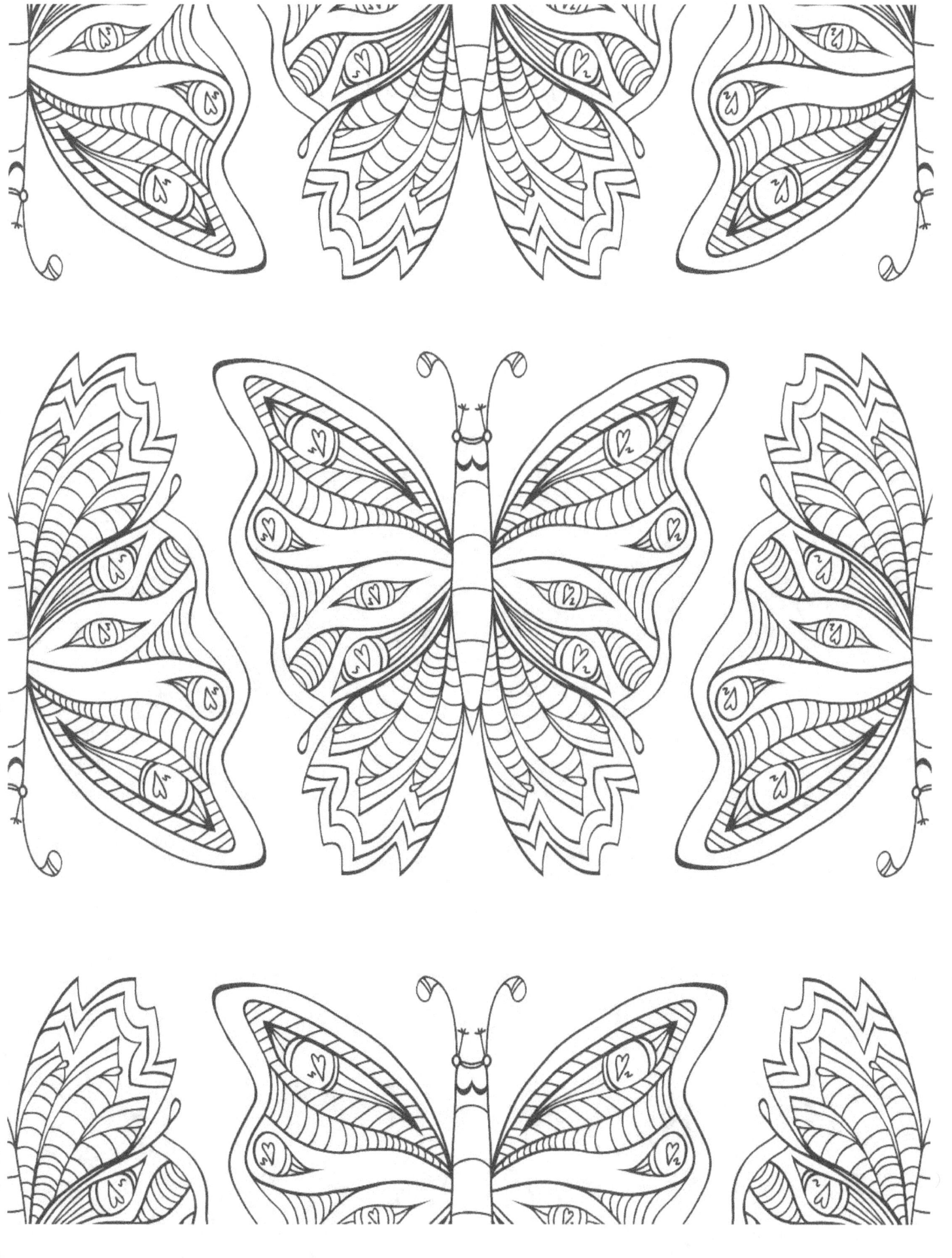

Illustration credit: Bigstockphoto.com 127875275 Tanvelka

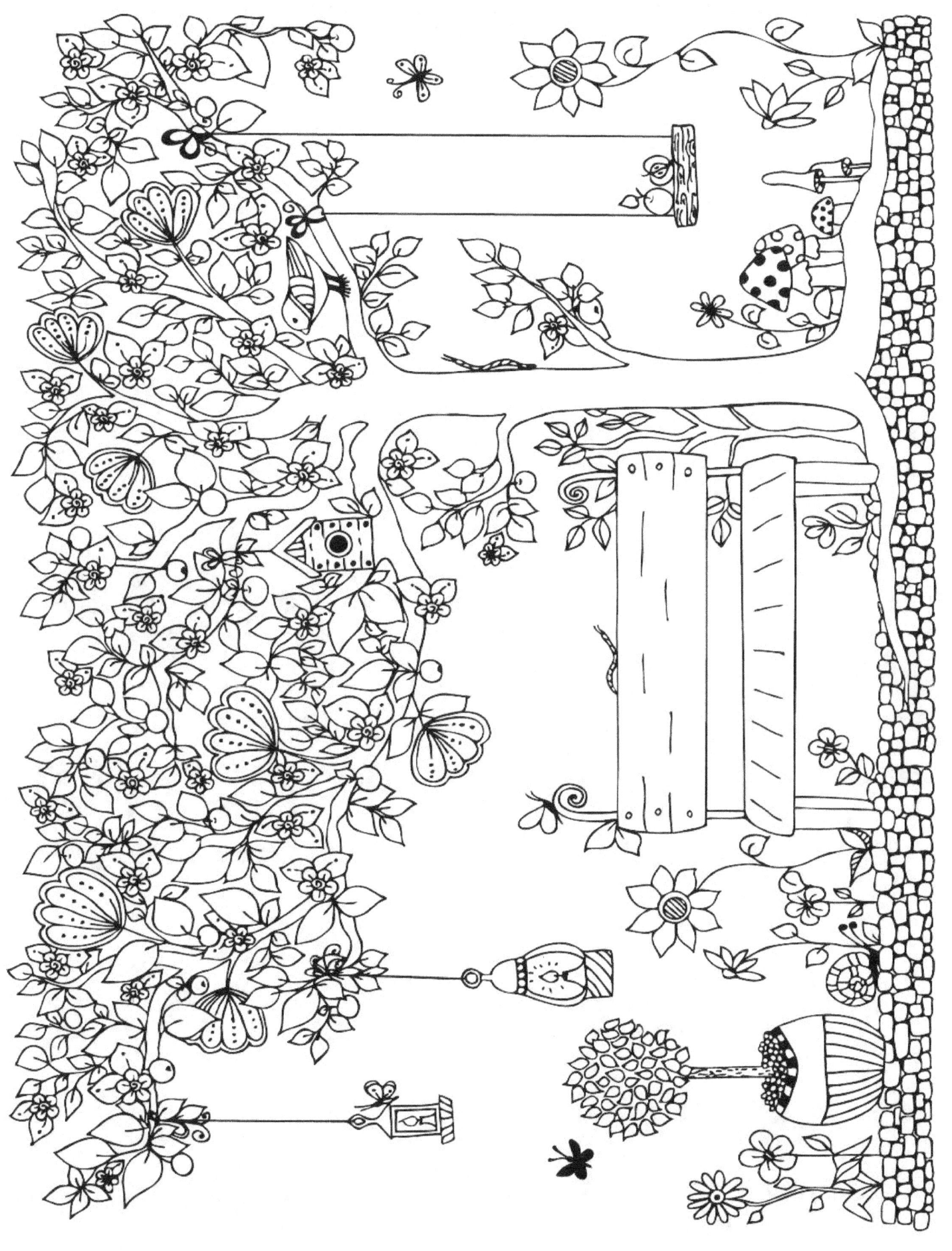

Illustration credit: Bigstockphoto.com 131033615 Julia Snegireva

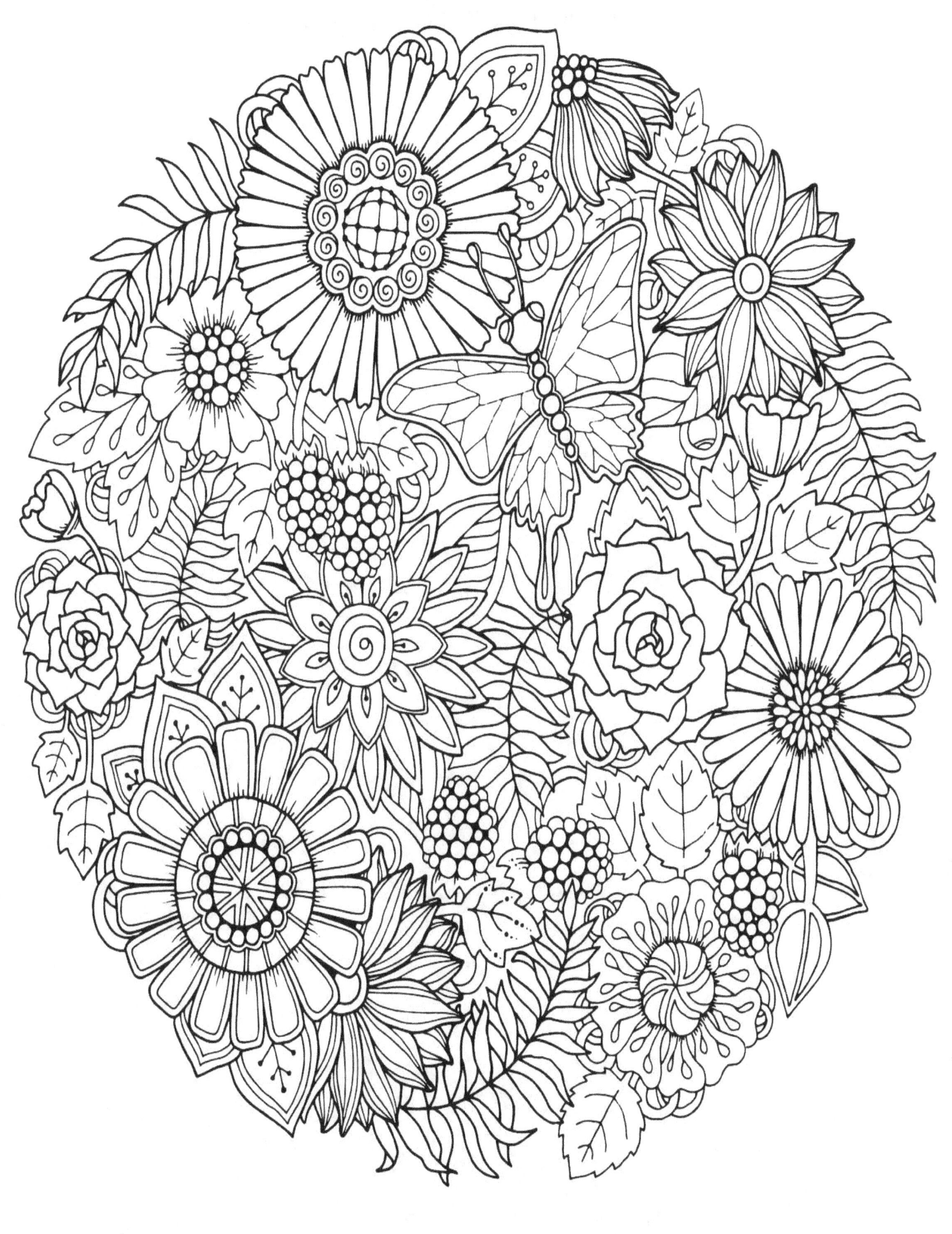

Illustration credit: Bigstockphoto.com 130654703 panki

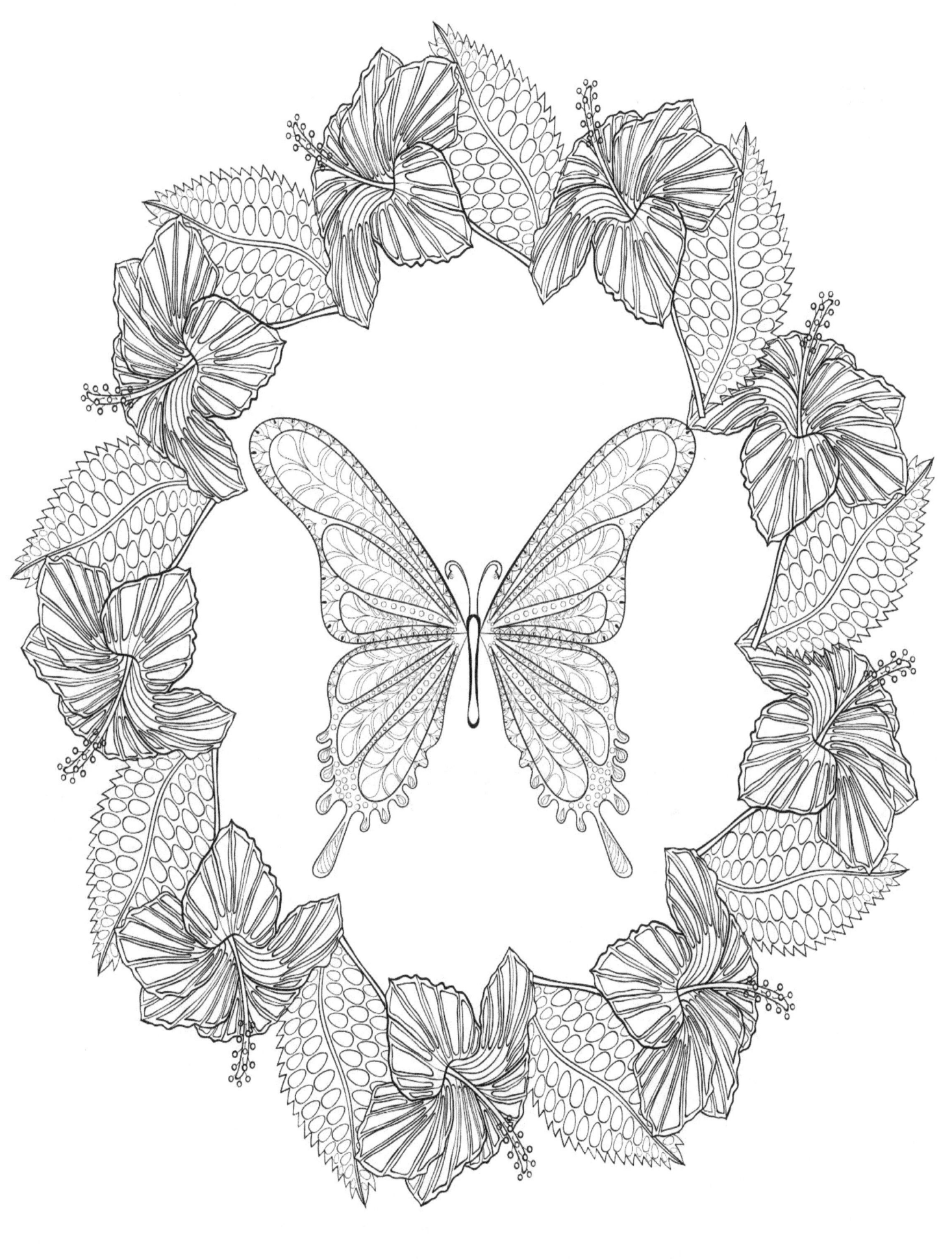

Illustration credit: Bigstockphoto.com 116674946 panki

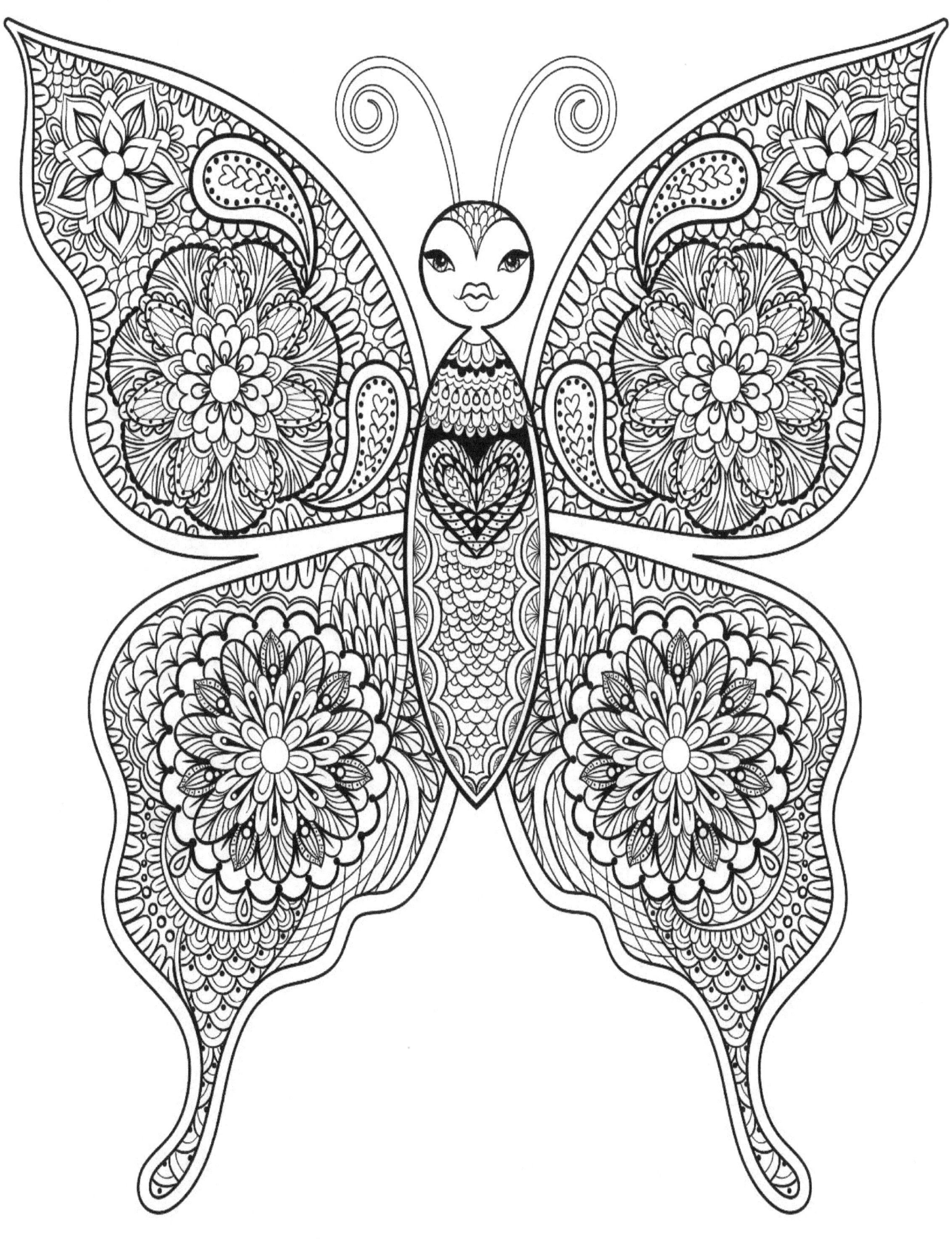

Illustration credit: Bigstockphoto.com 123659552 Olisia Agudova

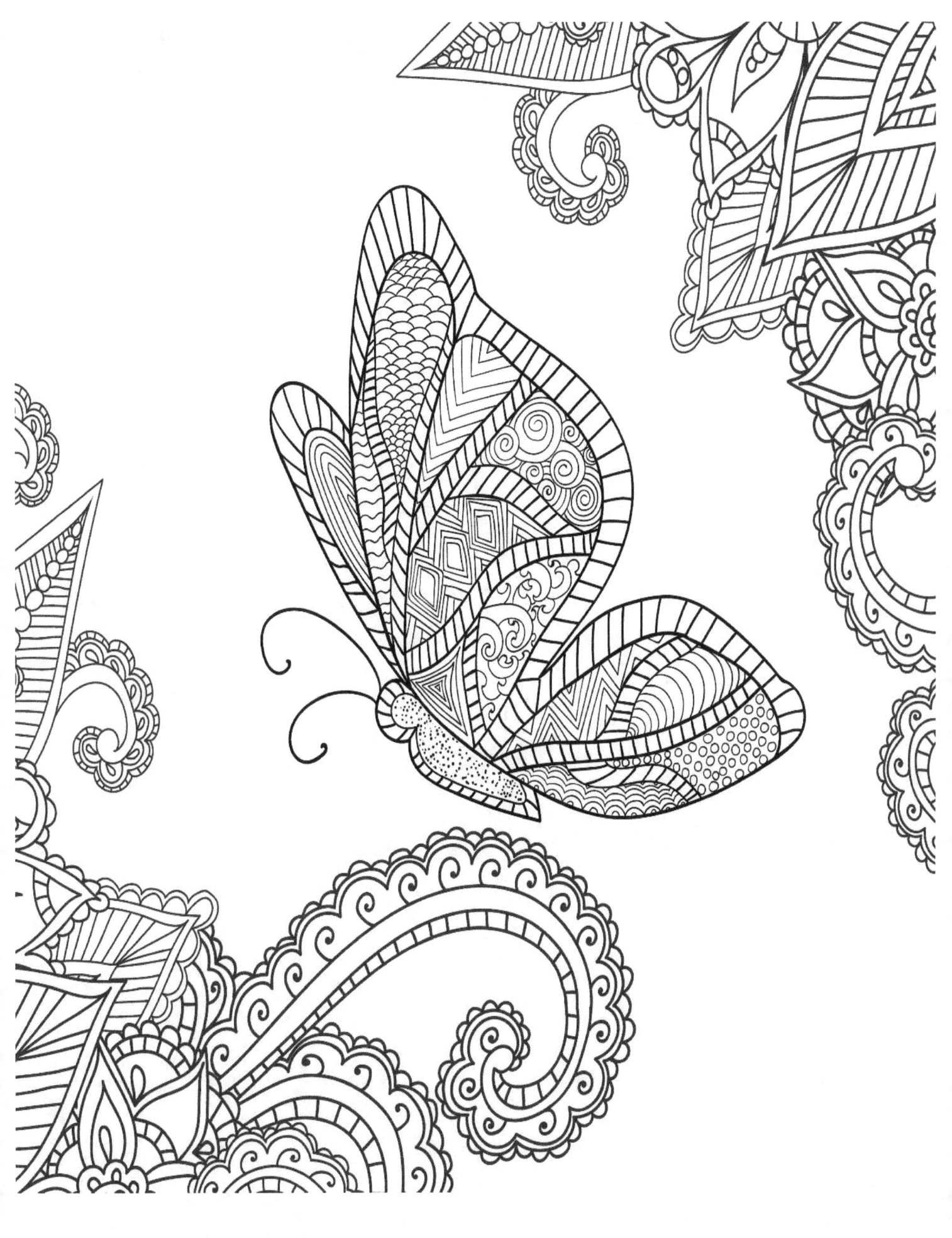

Illustration credit: Bigstockphoto.com 119902742 Val_Iva

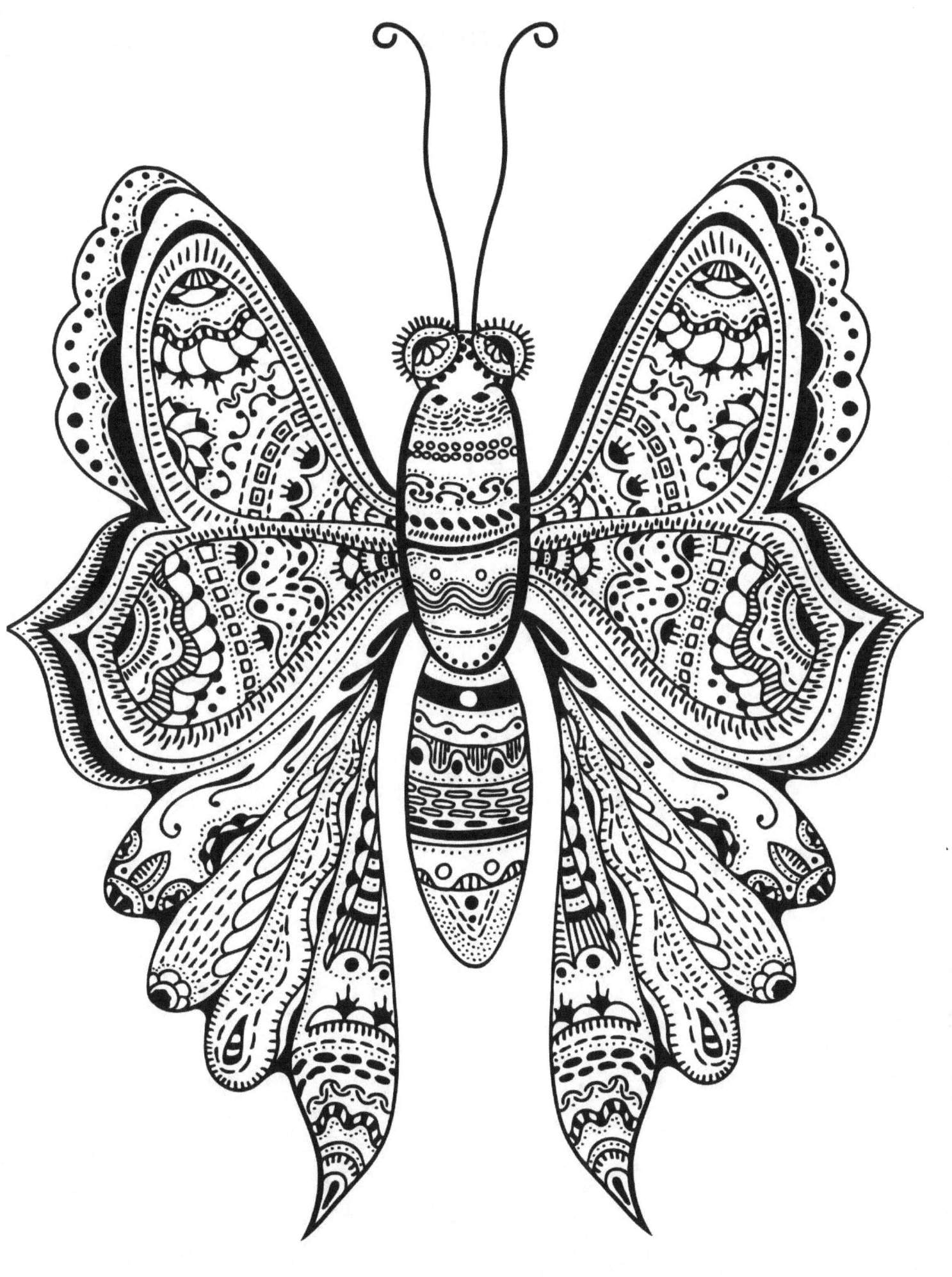

Illustration credit: Bigstockphoto.com 132212150 Nadia Z

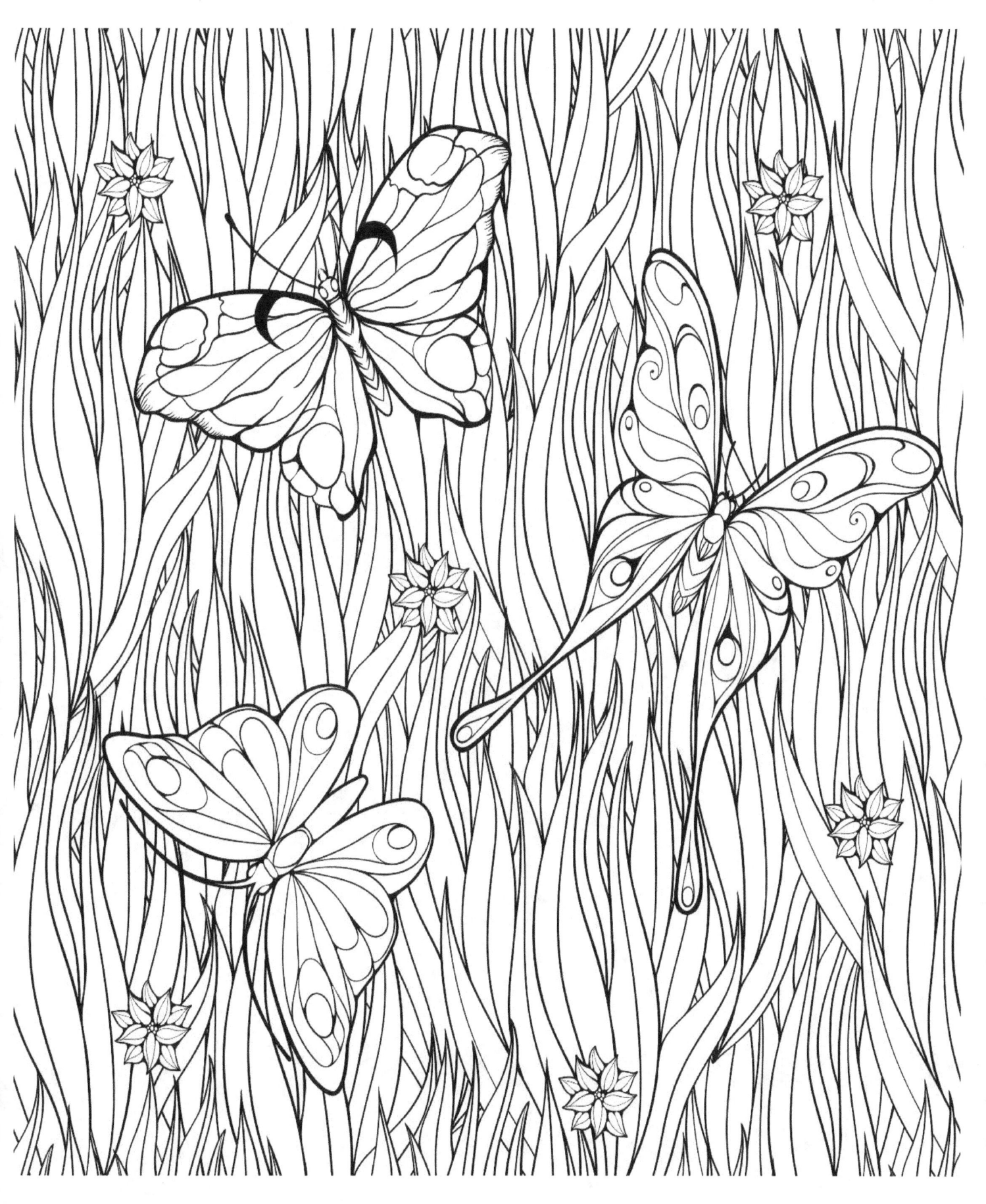

Illustration credit: Bigstockphto.com 95018345 Nuarevik

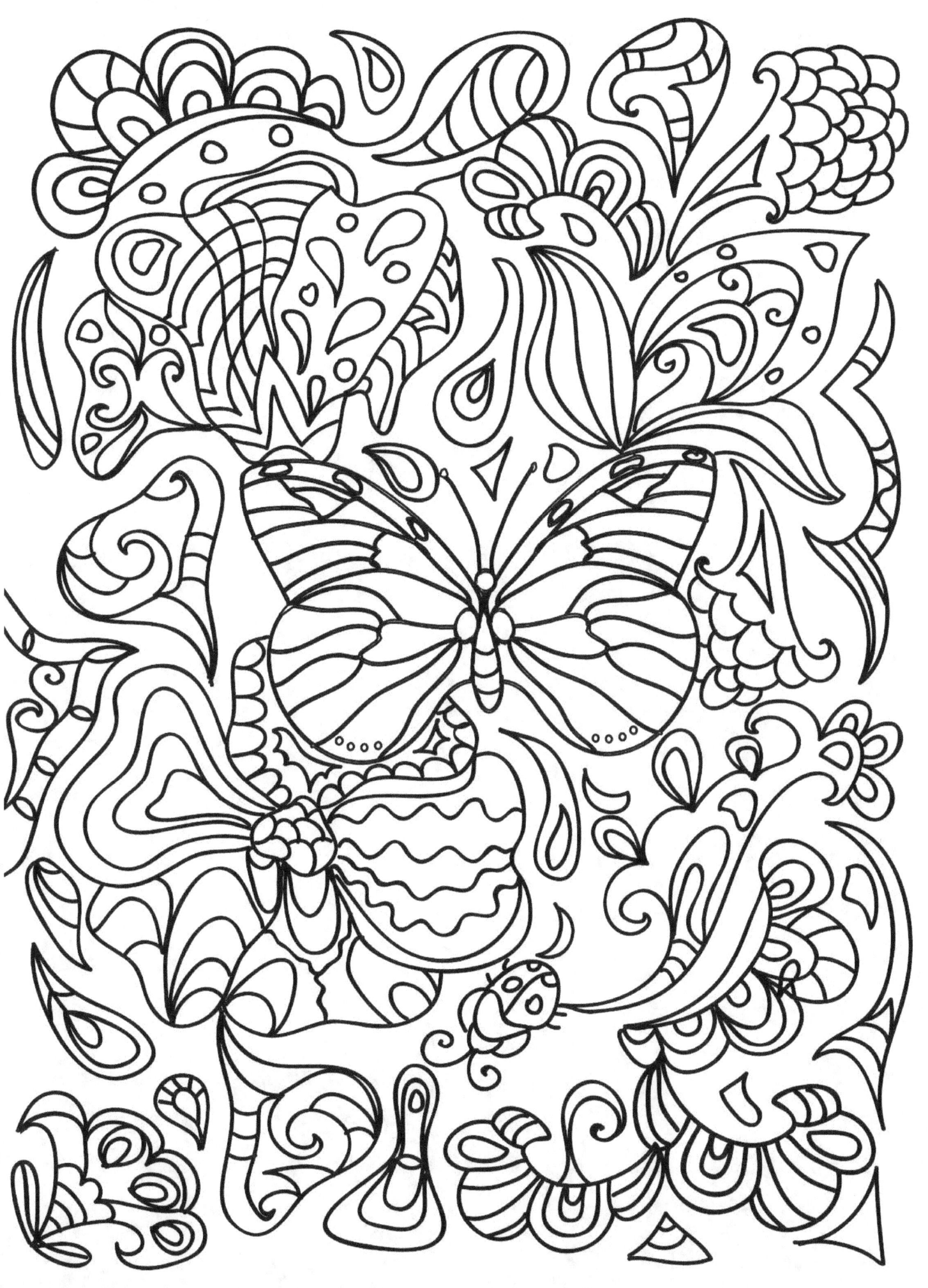

Illustration credit: Bigstockphoto.com 139474010 Ellina Nova

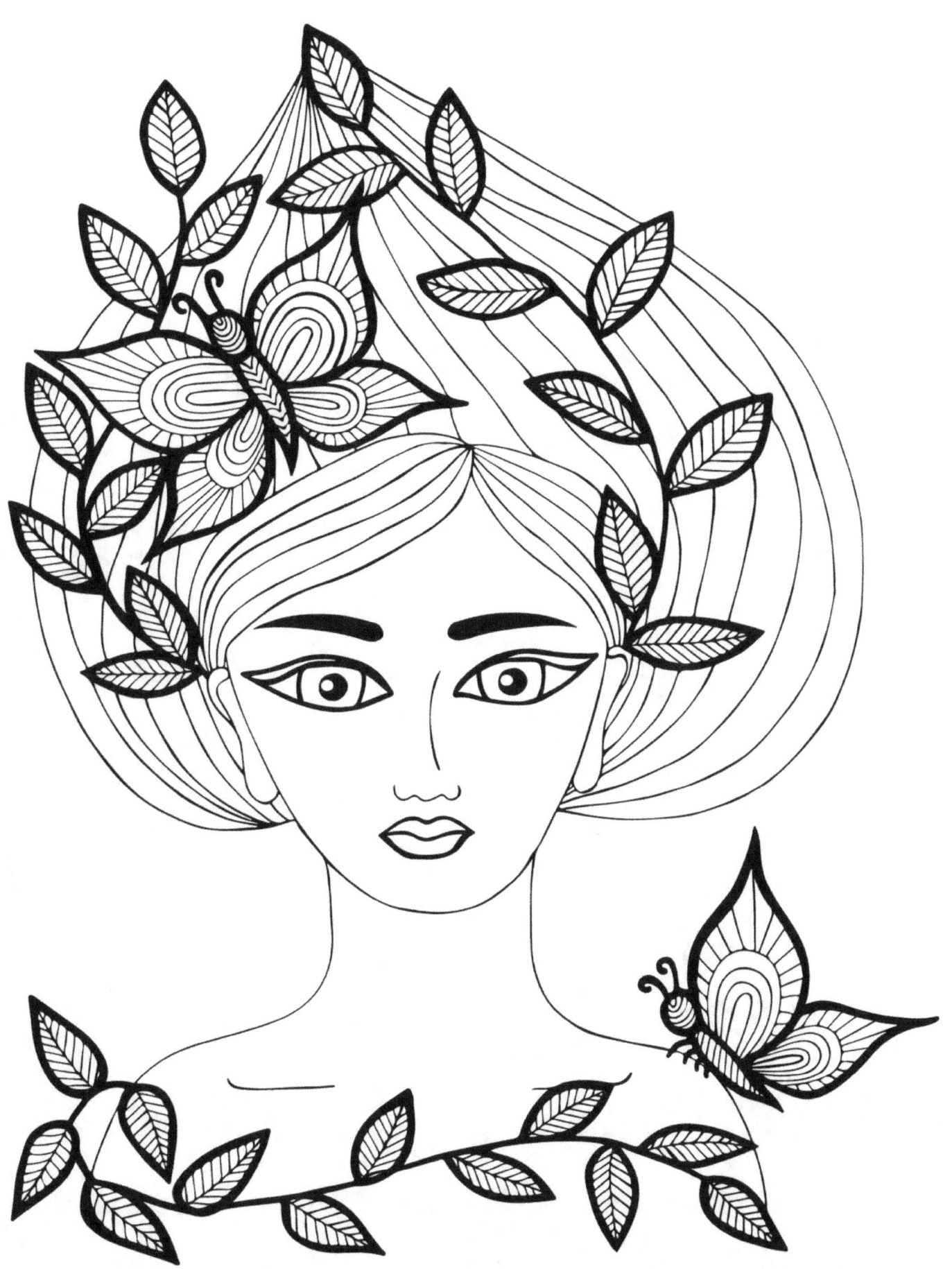

Illustration credit: Bigstockphoto.com 135701285 mashabr

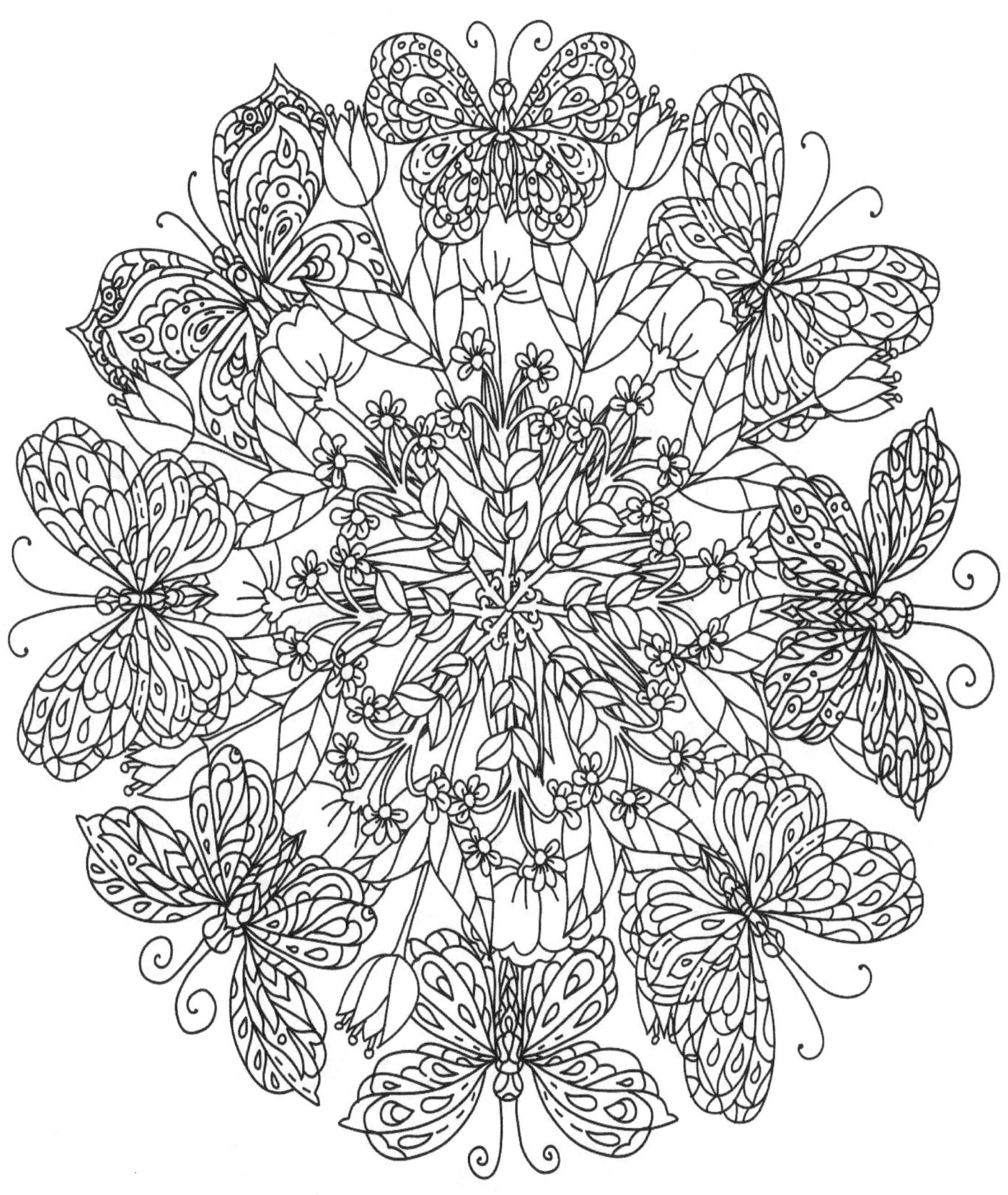

Illustration credit: Bigstockphoto.com 133565558 Tanretka

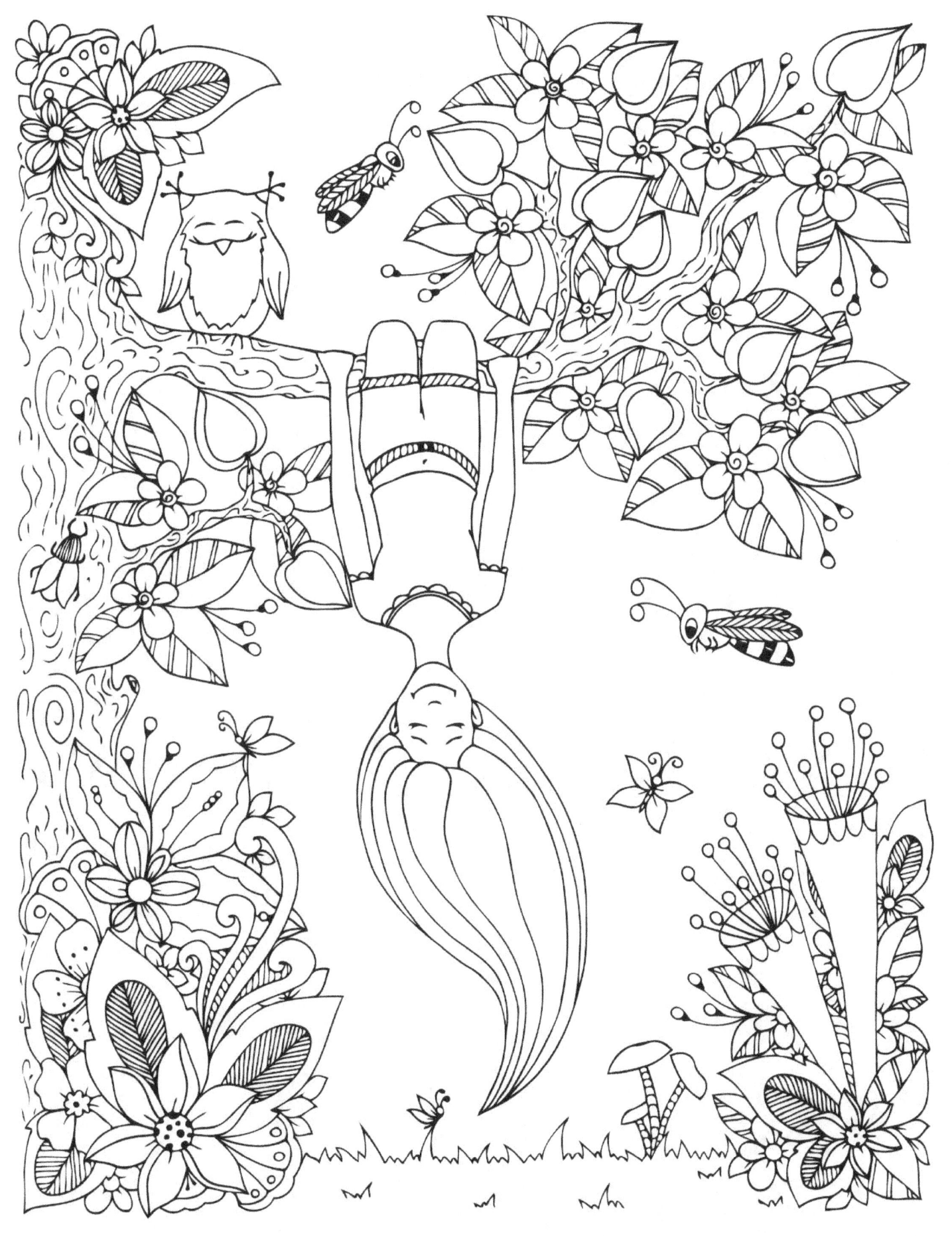

Illustration credit: Bigstockphoto.com 132640208
IrinaKriavorocuchko

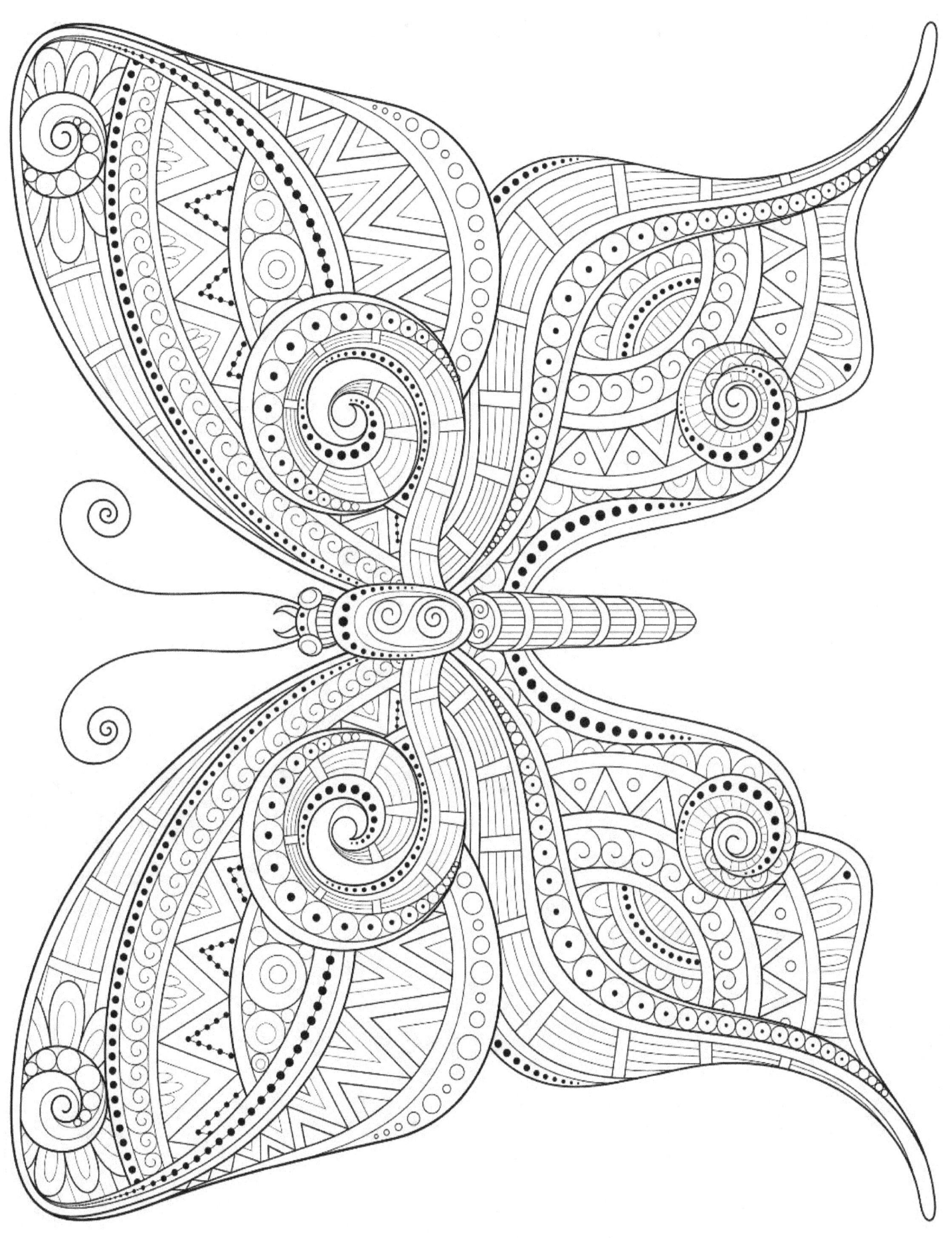

Illustration credit: Bigstockphoto.com 125879657 frescomovie

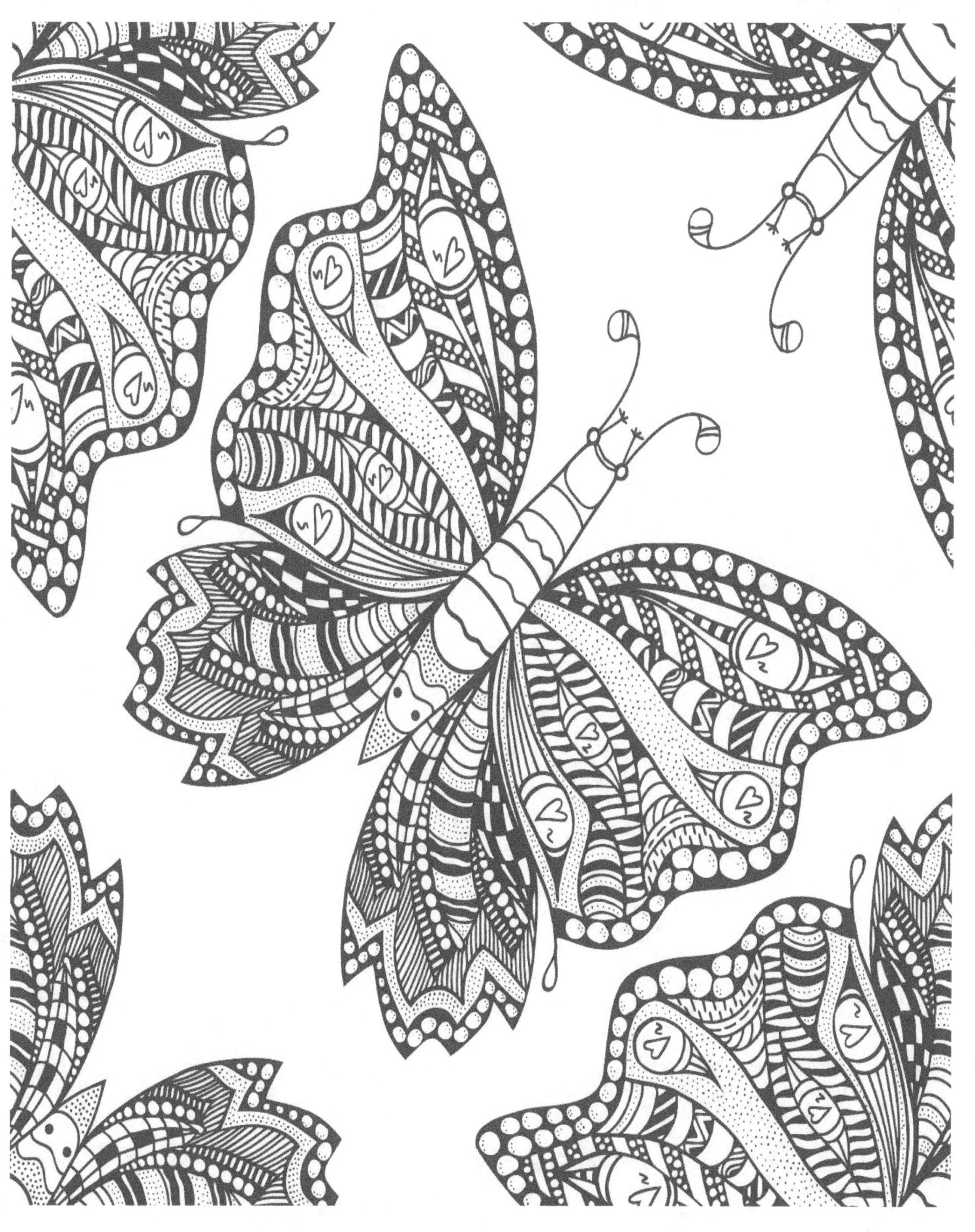

Illustration credit: Bigstockphoto.com 116756138

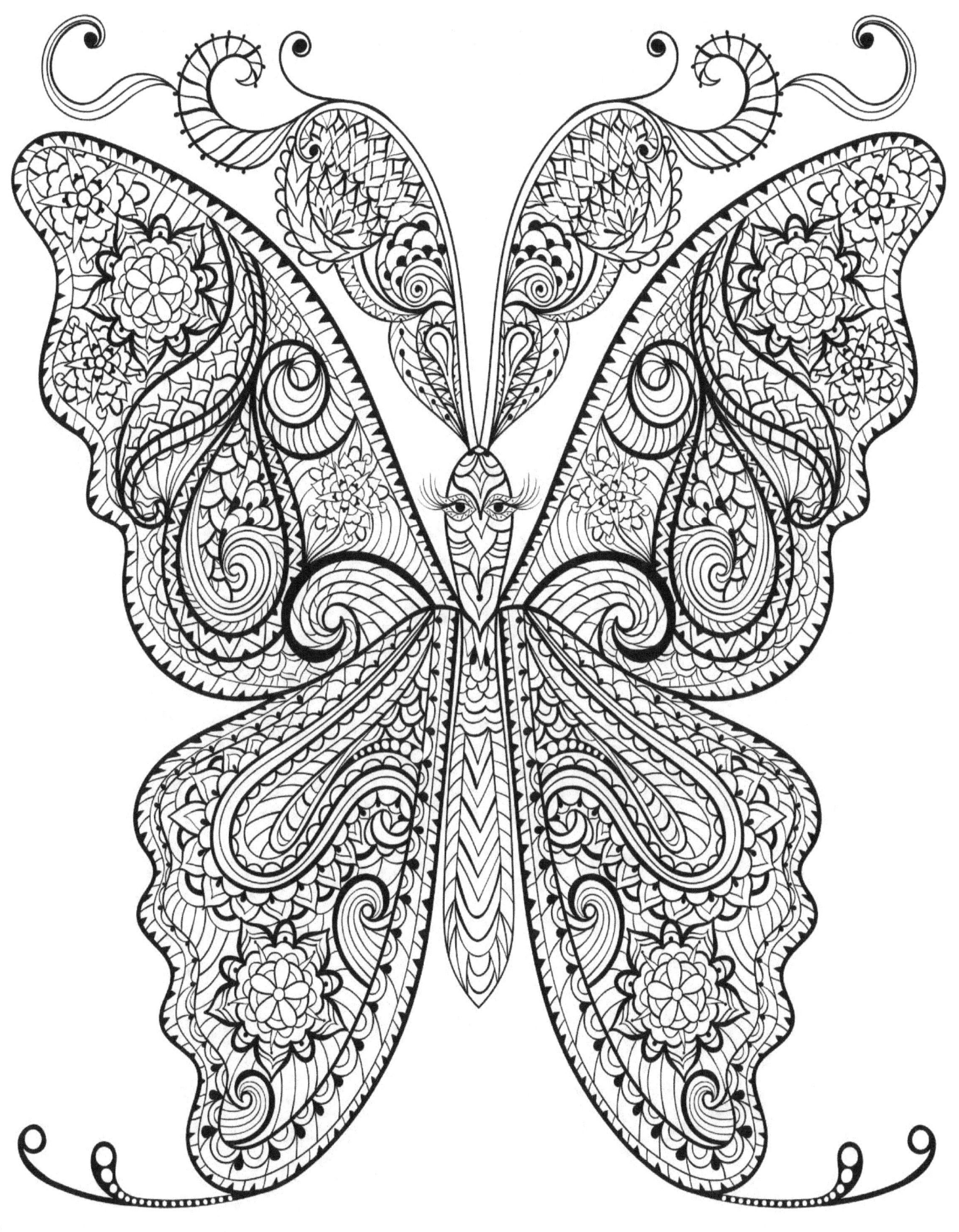

Illustration credit: Bigstockphoto.com 118374461 Sybirko

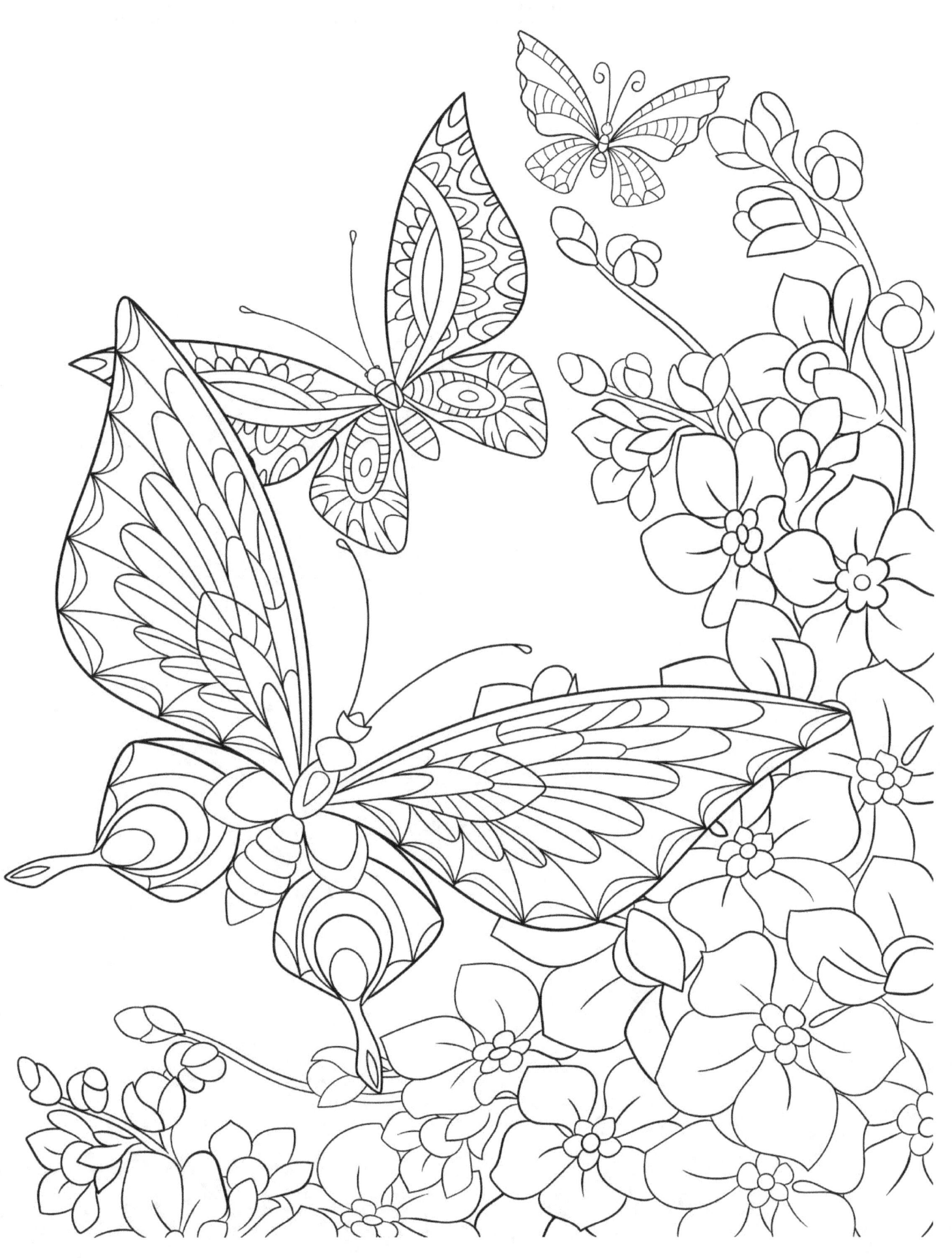

Illustration credit: Bigstockphoto.com 132883754 Scotch-me

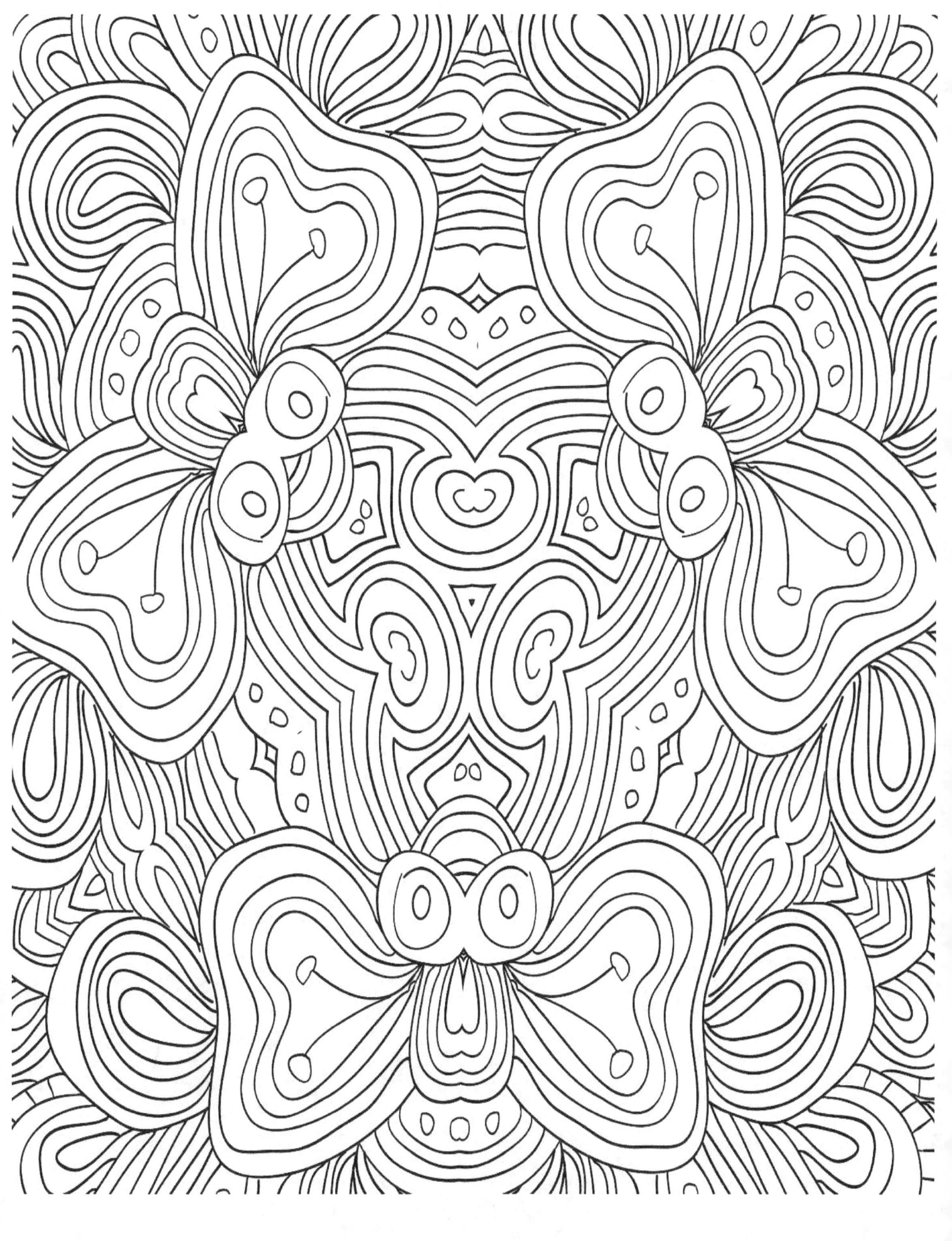

Illustration credit: Bigstockphoto.com 125866115 YAZZIK

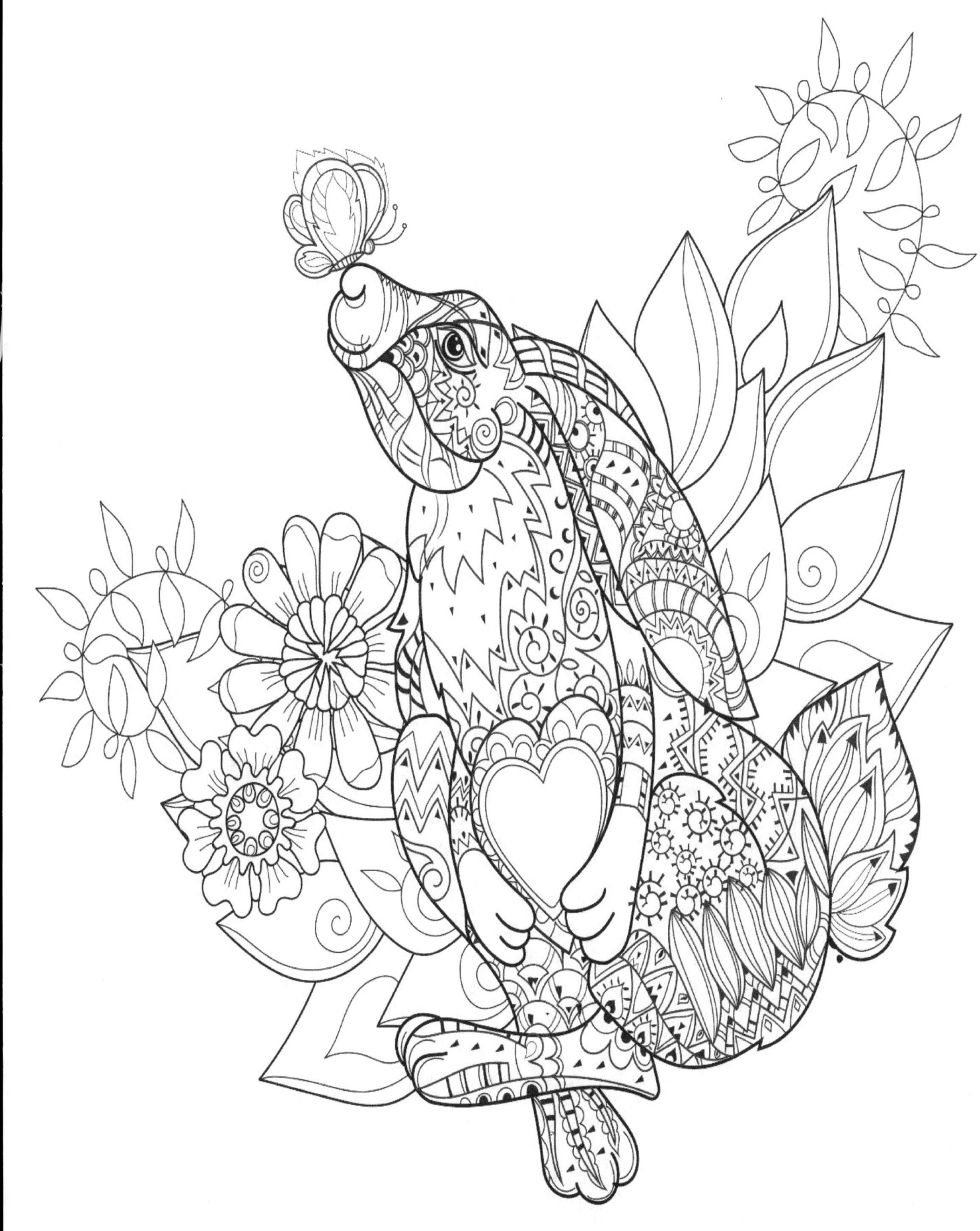

www.ingramcontent.com/pod-product-compliance
Lightning Source LLC
Chambersburg PA
CBHW081858170526
45167CB00007B/3065